ASSOCIATION PROVINCIALE

DES

ARCHITECTES FRANÇAIS

Fédération des Sociétés d'Architectes des Départements

Société des Architectes de l'Aisne

Approuvée par Arrêté préfectoral du 5 Août 1882

COMMISSION DE JURISPRUDENCE

De la Construction des Murs de clôture et des Pignons mitoyens

SAINT - QUENTIN

Imprimerie du « GUETTEUR », rue Croix-Belle-Porte, 21

1913

ASSOCIATION PROVINCIALE

DES

ARCHITECTES FRANÇAIS

Fédération des Sociétés d'Architectes des Départements

—•→|←•—

Société des Architectes
de l'Aisne

Approuvée par Arrêté préfectoral du 5 Août 1882

COMMISSION DE JURISPRUDENCE

*De la Construction des Murs de clôture
et des Pignons mitoyens*

Extrait des Procès-Verbaux des Séances

SAINT - QUENTIN

Imprimerie du « GUETTEUR », rue Croix-Belle-Porte, 21

1913

SOCIÉTÉ DES ARCHITECTES DE L'AISNE

Commission de Jurisprudence

De la Construction des Murs de clôture et des Pignons mitoyens

Séance du Mardi 20 Juin 1911
TENUE A LAON

Présidence de M. Wilfrid POULET, Président.

Question de mitoyenneté

Avant que la séance ne soit levée, M. Fernand ISRAËL expose un cas de mitoyenneté dont l'application courante a intérêt a être connue. *La Question est relative à l'établissement des Fondations des murs pignons mitoyens au moment même de la construction des dits, entre parcelles de terrain propre à bâtir.* Elle se résume ainsi : l'un des voisins a-t-il le droit, dans une localité où la clôture est forcée, sous prétexte qu'il a à construire *une Maison* (importante ou non) de faire, sans le consentement de l'autre voisin, une emprise quelconque de terrain pour établir ses fondations, en dehors de la demi-épaisseur normale nécessaire *pour un mur de clôture* (à Saint-Quentin, l'usage veut que le mur ait en élévation une brique et demie d'épaisseur, soit 0 ᵐ 35).

Est-il fondé, en donnant comme prétexte, en passant outre à la résistance du voisin, que *sa* construction nécessite un empâtement de fondation important en raison de ses *besoins personnels et de la nature du sol;* lequel empâtement doit se trouver, d'après le Constructeur, et au même titre que le mur en élévation, placé à cheval sur la ligne mitoyenne. Ajoutant qu'il sera toujours facultatif au voisin gêné de modifier à ses frais, risques et périls la situation créée.

Les Membres présents sont unanimes à déclarer que le Constructeur est mal fondé dans ses prétentions.

M. F. ISRAËL informe alors ses Confrères que le cas est actuellement soumis à la juridiction du Tribunal Civil de Saint-Quentin ; qu'il se fera un plaisir de faire part à la Société du jugement qui sera prononcé ; il estime que le droit de propriété est intangible et que l'article 545 du Code civil doit s'appliquer en l'espèce

Art. 545 du C. C. : Nul ne peut être contraint de céder sa propriété, si ce n'est pour cause d'utilité publique et moyennant une juste et préalable indemnité.

Séance du Mardi Ier Août 1911

TENUE A LAON

Présidence de M. Wilfrid POULET, Président.

Question de mitoyenneté

Décision de Justice du 26 Juillet 1911
Tribunal Civil de Saint-Quentin

M. Fernand ISRAËL, rappelant la question de mitoyen-
neté dont il a parlé à la séance précédente, fait part à la
Société que le jugement de cette affaire a été rendu par le
Tribunal Civil de première Instance de l'arrondissement de
Saint-Quentin.

Il est ainsi conçu : Attendu que V. B... assigne T... pour
voir ordonner que celui-ci devra faire disparaître l'anticipation de vingt-trois centimètres qu'il a commise sur son
terrain, sous une astreinte de vingt francs par jour de retard
et demande qu'il lui soit alloué une somme de mille francs
à titre de dommages-intérêts ;

Attendu que T... résiste à cette demande et soutient qu'il
est de principe incontesté que les murs séparatifs à Saint-
Quentin doivent être établis par moitié sur le terrain de
chaque riverain ; Que le mur comprend non-seulement la
partie en élévation qui est obligatoirement d'une épaisseur
de trente-cinq centimètres, mais la partie souterraine ou
fondation, que le propriétaire voisin est tenu de subir la
moitié du mur dans son entier, c'est-à-dire dans la partie
élevée et dans la partie souterraine ; que, dans l'espèce, en
raison de la nature du terrain, on a dû élever le mur sur
une semelle de béton qui dépasse, en effet, de 0^m 23 cent,

l'épaisseur des fondations du mur ; que cette précaution a dû être prise pour assurer la stabilité des travaux ; Que les critiques soulevées par le Demandeur sont donc inadmissibles ;

Mais attendu que T... est propriétaire à Saint-Quentin d'un terrain sis à Saint-Quentin boulevard V......-H..., que ce terrain est contigü à celui du Demandeur, qu'il y a fait édifier des constructions qui empièlent de 0^m 23 cent. sur la propriété de V. B... ;

Attendu que vainement T... soutient que la semelle en béton qu'il a fait faire pour soutenir son mur est établie de façon à garantir la solidité de ses fondations ; Qu'il ne s'agit pas de l'assiette d'un mur comme le prévoit l'article 663 du Code civil, mais bien *de la construction d'un bâtiment* ;

Attendu que si T... désirait avoir pour ses constructions de très solides assises, il devait les établir sur son terrain et ne pas dépasser la largeur prévue par la loi pour l'établissement du mur mitoyen ; que V. B... a toujours protesté contre les agissements de T... ;

Attendu que dans ces conditions il y a lieu de faire droit à sa demande ;

Attendu toutefois que la demande en dommages-intérêts est exagérée et qu'il y a lieu de la ramener à la somme de deux cents francs ;

Par ces motifs, dit que dans la quinzaine du présent jugement T... sera tenu de faire disparaître l'anticipation de 23 centimètres commise par lui sur le terrain de V. B..., et ce, sous une astreinte de cinq francs par jour de retard pendant un mois ; lesquels resteront acquis en sa demande à titre définitif ; Dit que ce délai expiré le Demandeur sera autorisé à faire disparaître cette anticipation aux frais, risques et périls de T... ;

Condamne T... à payer à V. B... une somme de : deux

cents francs à titre de dommages et intérêts, le condamne en tous les dépens dont distraction à M°L..:, avoué, sur son affirmation de droit.

Ainsi jugé par le Tribunal Civil de première Instance de l'arrondissement de Saint-Quentin, département de l'Aisne, en son audience publique du mercredi vingt-six juillet mil neuf cent onze.

———

Sur la proposition du Président. il est décidé que le compte-rendu de cette intéressante question de mitoyenneté sera extrait du livre des procès-verbaux, imprimé et remis aux Membres de la Société.

Séance du Mardi 10 Octobre 1911

TENUE A LAON

Présidence de M. Paul BÉNARD, Vice-Président.

Question de mitoyenneté

Le Secrétaire informe la Société que l'affaire dont il a été donné connaissance du jugement lors de la précédente séance est en instance d'Appel. Il s'en suit que l'impression, décidée, est ajournée jusqu'après la sanction prononcée par la Cour d'Amiens.

Séance du Mardi 6 Août 1912

TENUE A LAON

Présidence de M. Georges MARQUISET, Vice-Président

Question de mitoyenneté
Décision de justice du 5 juillet 1912
Cour d'Appel d'Amiens

Comme suite à la communication qu'il a faite à la séance du 10 octobre 1911, M. Fernand ISRAËL donne lecture de l'Arrêt rendu par la Cour d'Appel d'Amiens dans cette importante question. Après plaidoirie de Me W..., avocat du barreau de Saint-Quentin, pour le Défendeur V. B..., et Me B..., du barreau d'Amiens, pour T,.. ; cet Arrêt est ainsi conçu :

« Après en avoir délibéré conformément à la loi jugeant publiquement ;

Considérant que T..., propriétaire à Saint-Quentin d'un terrain, pouvait, aux termes de l'article 663 du Code civil, contraindre V. B.... propriétaire du terrain voisin, à établir à frais communs un mur de clôture ayant au moins 32 décimètres de hauteur; qu'aux termes de la loi et des usages locaux à Saint-Quentin, où la clôture est forcée, ce mur mitoyen ainsi destiné à clore les deux propriétés doit être édifié à cheval sur la limite séparative; qu'ainsi V. B... était tenu de supporter sur son terrain la moitié de l'épaisseur des fondations d'un pareil mur, mais seulement dans la limite *où ces fondations étaient nécessitées par la construction d'un mur de clôture;*

Considérant que T..., désirant construire *une Maison* sur son terrain, a été conduit à donner au mur séparatif dont s'agit une assiette de 0ᵐ 80 de largeur établie au moyen d'une semelle en ciment armé destinée à supporter le mur en son milieu;

Considérant qu'il paraît résulter des explications fournies par les parties et des documents de la cause, que *l'assiette de 0ᵐ 80 aurait été inutile si T... s'était borné à la construction d'un mur de clôture et aurait pu, malgré le peu de consistance du sol, être réduite de 0ᵐ 20 d'épaisseur;*

Considérant que V. B... n'était nullement tenu, aux termes des articles 658 et 659 du Code civil de supporter un excédent d'épaisseur de fondations ainsi établies *pour les seules convenances de T...;* qu'il a donc le droit d'exiger que l'anticipation ainsi commise sur sa propriété soit réduite de 0ᵐ 13, ainsi qu'il le demande dans le dernier état de ses conclusions devant la Cour;

Par ces motifs, et ceux des premiers Juges, en ce qu'ils n'ont rien de contraire au présent Arrêt;

Confirme le jugement dont est appel, en ce qu'il a condamné T... à faire disparaître l'anticipation par lui commise sur le terrain de V. B... ;

Dit toutefois que cette anticipation n'est que de 0^m 13 et que c'est dans cette mesure seulement que T... devra la faire disparaître ;

Dit que les travaux nécessaires à cet effet seront commencés dans le délai d'un mois à partir de ce jour et ce, sous une astreinte de cinq francs par jour de retard pendant un mois, lesquels resteront acquis au Demandeur à titre définitif ;

Dit que ce dernier délai expiré, V. B... sera autorisé à faire disparaître cette anticipation de 0^m 13 cent. aux frais, risques et périls de T... ;

Ordonne la restitution de l'amende ;

Dit que le léger préjudice jusqu'à présent subi par V. B... sera amplement réparé par la condamnation de T... en tous les dépens ;

Décharge en conséquence T... de la condamnation en 200 francs de dommages-intérêts prononcée contre lui par le jugement, mais le condamne en tous les dépens ;

Ordonne la distraction des dépens d'appel au profit de Me S..., avoué, qui le requiert aux offres de droit.

Commentaires

Cet Arrêt qui détermine d'une façon précise l'épaisseur à donner aux fondations des murs mitoyens dans les villes de plus de 50.000 âmes où la clôture est forcée (hauteur 3^m 20) réglant un cas de construction en mauvais sol, (il s'agissait dans l'espèce d'un mur à établir sur du remblai reposant sur sol d'anciens marais desséchés), permet d'en déduire

que dans les régions où la brique est le matériau couram-
ment employé, l'épaisseur normale admise *en fondation*
pour les murs de clôture est de deux briques et demie en
mauvais terrain soit 0 ^{m} 57 ; de deux briques *en bon sol*, soit
0 ^{m} 46 et toujours d'une brique et demie *en élévation*, soit
0 ^{m} 35 ces diverses épaisseurs se répartissant par moitié à
droite et à gauche de la ligne divisoire des propriétés.

En tous cas, le principe établi c'est que le voisin *n'est
tenu* que de subir l'emprise sur son terrain pour l'empâtement nécessaire à la fondation et à la construction *d'un
mur de clôture*. En admettant que le voisin, premier constructeur, érige une construction plus élevée que la hauteur
de clôture exigée, en pays de clôture forcée (qu'il s'agisse
d'un pignon de maison, d'un magasin, etc), il doit, dans ce
cas, prendre l'excédent de largeur de fondation qui lui est
nécessaire *exclusivement* sur son terrain.

Pour faire suite à ce jugement et dans une autre espèce,
il nous a paru intéressant de compléter cette étude par la
reproduction de l'Arrêt suivant, rendu par la Cour de Cassation, le 20 novembre 1912.

Cour de Cassation

CHAMBRE CIVILE, 20 NOVEMBRE 1912

Présidence de M. BAUDOIN, premier Président.

Propriété (en général). — Anticipation. — Construction. — Démolition. — Usurpation minime, — Action en indemnité. — Voisin. — Fixation de la limite.

Toute anticipation sur le terrain d'autrui constitue une atteinte à la propriété, donnant au propriétaire le droit d'exiger la démolition de la partie des constructions voisines qui empiète sur son domaine.

Et, pour se refuser à ordonner cette démolition, le juge ne peut se fonder ni sur la minimité de l'anticipation...

Ni sur la faute qu'aurait, de son côté, commise le voisin qui, requis d'établir lui-même l'alignement n'y a pas apporté les soins voulus ; ce dernier grief fût-il susceptible de motiver contre celui à qui on l'impute une condamnation à des dommages-intérêts, ne saurait justifier la perte d'une partie de sa propriété.

SOCIÉTÉ « LE TOUQUET SYNDICATE LIMITED C° »
CONTRE CHANUT

La Société Le Touquet Syndicate limited s'est pourvue en cassation d'un arrêt de la Cour de Douai du 29 décembre 1909, rendu au profit de M. Chanut,

Moyen unique :

« Violation des art. 544 et s. C. civ., du droit de propriété et de la règle *qui jure suo utitur neminem laedit* ; fausse application de l'art. 1382 C. civ., en ce que l'arrêt attaqué, statuant sur une demande en revendication basée sur un droit de propriété, adoptant les motifs des premiers juges a, après avoir reconnu l'existence de l'empiètement non couvert par la prescription, refusé d'ordonner la restitution de la parcelle comprise, sous prétexte que la démolition de l'ouvrage mal planté qui s'ensuivrait serait hors de proportion avec le préjudice insignifiant qui était causé par l'anticipation, que l'anticipation visée n'était pas la seule existante, et qu'il y avait faute commune relativement à la constatation de l'alignement exact ; alors que, 1° dans une instance en revendication, la seule réparation possible du préjudice causé au droit de propriété dont l'existence est constatée est la restitution de la parcelle usurpée ; 2° que les conséquences de cette réintégration ne sauraient être considérées comme un élément de préjudice causé à autrui, dès lors qu'il n'y a là que l'exercice d'un droit ; 3° que la faute, partagée ou non, à supposer qu'elle soit constatée, ne peut se traduire à la charge de son auteur par la perte du droit de propriété et de la jouissance qui y est inhérente ».

Arrêt (après délibération en chambre du Conseil ;

La Cour,

Sur le moyen unique :
Vu l'article 545 Code civil ;
Attendu qu'aux termes de cet article, nul ne peut être contraint de céder sa propriété, si ce n'est pour cause d'utilité publique ;

Attendu que l'arrêt attaqué, adoptant les motifs des premiers juges, constate que Chanut, acquéreur de la Société Le Touquet d'un terrain, à Paris-Plage, en bordure des rues de Montreuil et de Moscou, établies par ladite Société pour les besoins de son lotissement, a empiété, dans ses constructions, sur le sol de ces rues, à concurrence de 2 mètres 11 décimètres 50 centimètres carrés ;

Attendu que, tout en reconnaissant que la Société n'avait pu se rendre compte de cette anticipation, et que Chanut en construisant, avait commis une faute, parce que les difficultés éprouvées pour lui donner un alignement, lui conseillaient de ne construire qu'avec certitude d'être dans son droit, l'arrêt attaqué se refuse à ordonner la démolition de la partie des constructions formant l'empiètement ; qu'il base ce refus sur ce que : 1° la Société, requise d'établir elle-même l'alignement qui devait guider la construction à ériger, n'y a pas apporté les soins que nécessitait une situation qu'elle savait incertaine : et qu'il y avait faute commune ; 2° la démolition serait hors de proportion, avec le préjudice insignifiant qui est causé, puisque l'usurpation se trouve répartie sur une longueur de 18 mètres de construction ;

Mais, attendu, d'une part, que si la faute supposée commise par la Société susceptible de motiver contre elle l'application d'une sanction pécuniaire à titre de dommages-intérêts, *elle ne pouvait avoir pour conséquence la perte d'une partie de sa propriété ; que, d'autre part, l'anticipation, quelle que minime qu'elle pût être, constituait une atteinte au droit de propriété de la Société;*

D'où il suit que l'arrêt attaqué a violé l'article de la loi susvisé ;

Casse ;

Casse ;

MM. Fabreguettes, rapporteur ; Mérillon, avocat général (conclusions conformes). — M⁰ Bernier, avocat.

NOTE. — La jurisprudence paraît favorable à cette solution. V. Cass. 16 juin 1903 (*Gaz. Pal.* 1903.2.20 — S. 1905.1.329 — D. 1904.1.36. — Pand. franç. 1903.1.468), et les renvois de notre note. — *Adde :* Aubry et Rau, 5⁰ éd., t. II, § 204, p. 402, texte et note 25. Mais la question est très controversée. Un parti dans la doctrine enseigne, en effet qu'en cas d'anticipation d'une construction sur le sol d'autrui il y aurait lieu à l'application de l'article 555 C. civ., et que par suite les conséquences devraient être différentes suivant que le constructeur a été de bonne ou de mauvaise foi. V. sur cette controverse la note au Sirey 1905.1.329.

————

<table>
<tr><td>Le Président,</td><td>Le Secrétaire,</td></tr>
<tr><td>G. MALGRAS-DELMAS,</td><td>Fernand ISRAËL.</td></tr>
</table>